Disney
FROZEN II
디즈니 겨울왕국 2
PAPER DOLL

페이퍼돌

2

일과놀이콘텐츠랩 지음

Elsa, Anna, Kristoff, Svan, Olaf, Bruni, Nokk,Gale

북새통

FROZEN II

CONTENTS
차례

디즈니 겨울왕국2가
다양한 **페이퍼 아트**로 찾아왔어요.

엘사와 안나, 그리고 겨울왕국2의 친구들을
스탠딩 페이퍼돌, 컬러링, 종이인형, 팝업카드로 만나보아요.

용기, 희망, 우정, 도전, 사랑 그리고 성공을 주제로 한
《페이퍼돌 2 : 디즈니 겨울왕국2》는 아래처럼 다양하게 플레이할 수 있어요.
완성 후, 책상이나 선반 위에 올려놓으면 반복되는 일상 속 멋진 휴식이 될 거예요.

스탠딩 페이퍼돌
STANDING PAPER DOLL
칼로 표시선 따라 오리고 받침대를 접어 풀로 고정하면 끝! 마음에 드는 무대배경을 골라 그 안에 세우면 나만의 페이퍼 피규어가 만들어져요.

컬러링
COLORING
풍성한 색감을 상상하며 선 안을 자유롭게 칠하면 퀄리티 높은 한 장의 그림 완성!

팝업카드
POP-UP CARD
표시선을 따라 오리면 인형이 입체적으로 튀어나오는 카드가 되어요. 소중한 친구들에게 마음을 전해보아요.

무대배경
BACKGROUND
앞뒤의 무대가 다르기 때문에 선택해서 사용할 수 있어요. 다양한 장소를 무대로 만들어보아요.

엽서카드
POST CARD
예쁜 엽서에 손글씨로 다정한 글귀를 적어 좋아하는 사람들에게 안부를 전해요.

편지지
LETTER PAPER
표시선대로 오리면 편지지와 봉투가 한번에! 마음을 적은 후 접어서 보내세요.

메세지 카드
MASSAGE CARD
친구들에게 꼭 전하고 싶은 말이 있을 때 메시지 카드를 써보세요.

패턴지
PATTERN PAPER
깜찍한 패턴지로 선물 포장을 해보아요.

Disney FROZEN II

ELSA

The next right thing is for me to go to the Enchanted Forest
and find that voice.

○

내가 할 일은 마법에 걸린 숲으로 가서
그 목소리를 찾아가는 거야.

ELSA

Disney
FROZEN II

풀칠하는 면

Disney
FROZEN II

풀칠하는 면

Disney
FROZEN II

풀칠하는 면

We have always feared Elsa's Powers were too much for this world,
now we must hope they are enough.

○

우린 늘 엘사의 힘이 너무 강해서 세상에 어떤 영향을 끼칠지 몰라 두려워했었지.
하지만 지금은 더욱 큰 힘을 발휘하길 바랄 때구나.

페이퍼돌을 세울 수 있는 무대 배경입니다.
두 가지 배경 중 원하는 배경을 선택해 만들어보세요.

풀칠하는 면   풀칠하는 면

풀칠하는 면   풀칠하는 면

Be Fearless

QUEEN of
SNOW & ICE

꿈틀하는 면

꿈틀하는 면

꿈틀하는 면

꿈틀하는 면

I believe in you more than anyone, or anything.

난 언니를 믿어. 그 누구보다도, 그리고 그 무엇보다도.

ANNA

풀칠하는 면

풀칠하는 면

풀칠하는 면

Disney
FROZEN II

풀칠하는 면

Disney
FROZEN II

풀칠하는 면

I won't let anything happen to her.

○

난 언니에게 어떤 일도 일어나지 않도록 할 거예요.

페이퍼돌을 세울 수 있는 무대 배경입니다.
두 가지 배경 중 원하는 배경을 선택해 만들어보세요.

풀칠하는 면   풀칠하는 면

풀칠하는 면 풀칠하는 면

DISNEP
FROZEN II

DISNEP
FROZEN II

Disney

FROZEN II

ELSA&ANNA

You will always have me.

○

나는 항상 언니 옆에 있을 거야.

ELSA&ANNA

풀칠하는 면

풀칠하는 면

32

풀칠하는 면

풀칠하는 면

What would I do without you?

o

너 없이 내가 뭘 할 수 있겠어?

페이퍼돌을 세울 수 있는 무대 배경입니다.
두 가지 배경 중 원하는 배경을 선택해 만들어보세요.

풀칠하는 면

풀칠하는 면

풀칠하는 면

풀칠하는 면

FOREVER   SISTERS

You are the one I've been waiting for all of my life.

○

당신은 내가 평생토록 기다려온 사람이에요.

40

정령들

FROZEN II

SPRITS

SPRITS

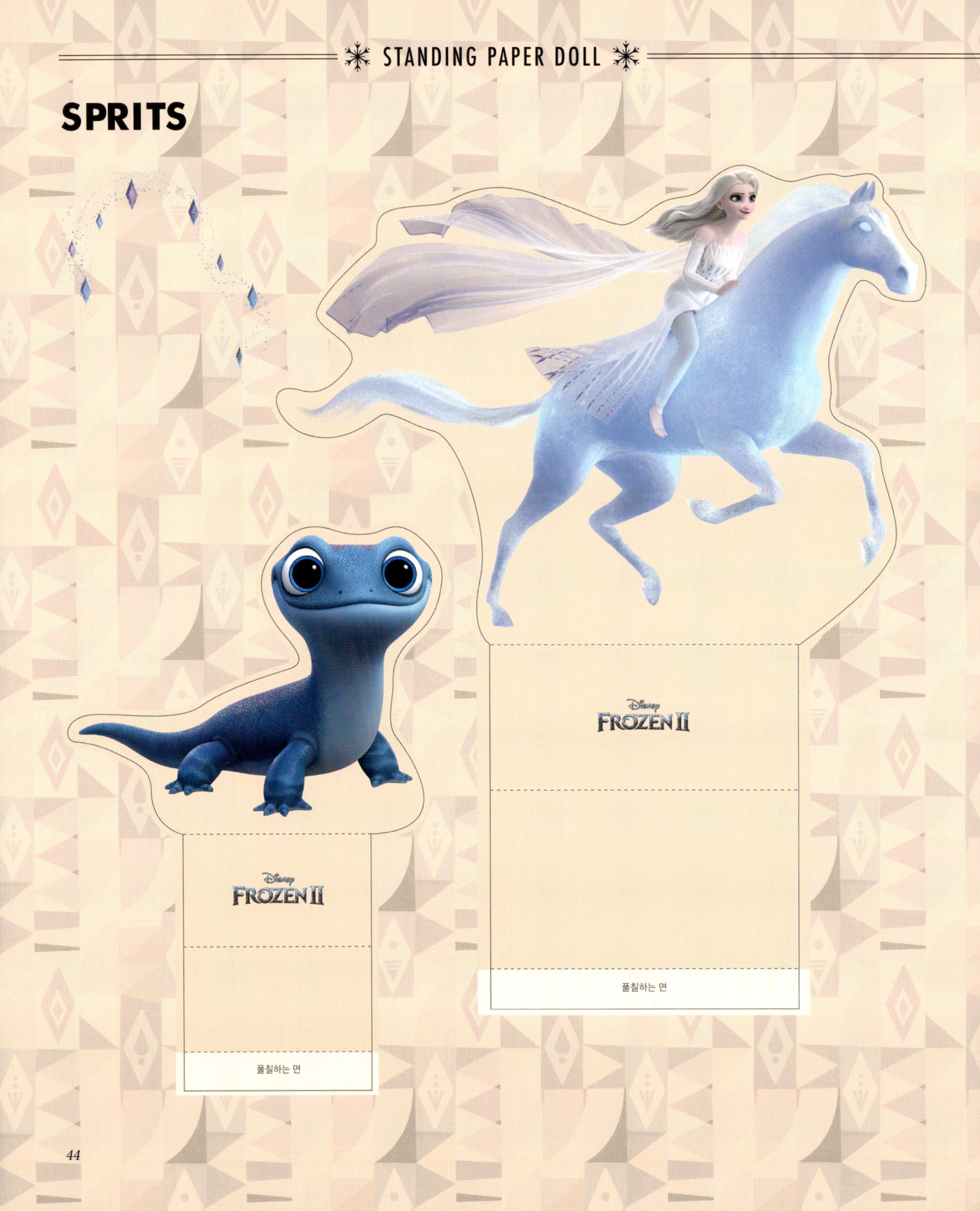

Disney
FROZEN II

풀칠하는 면

Disney
FROZEN II

풀칠하는 면

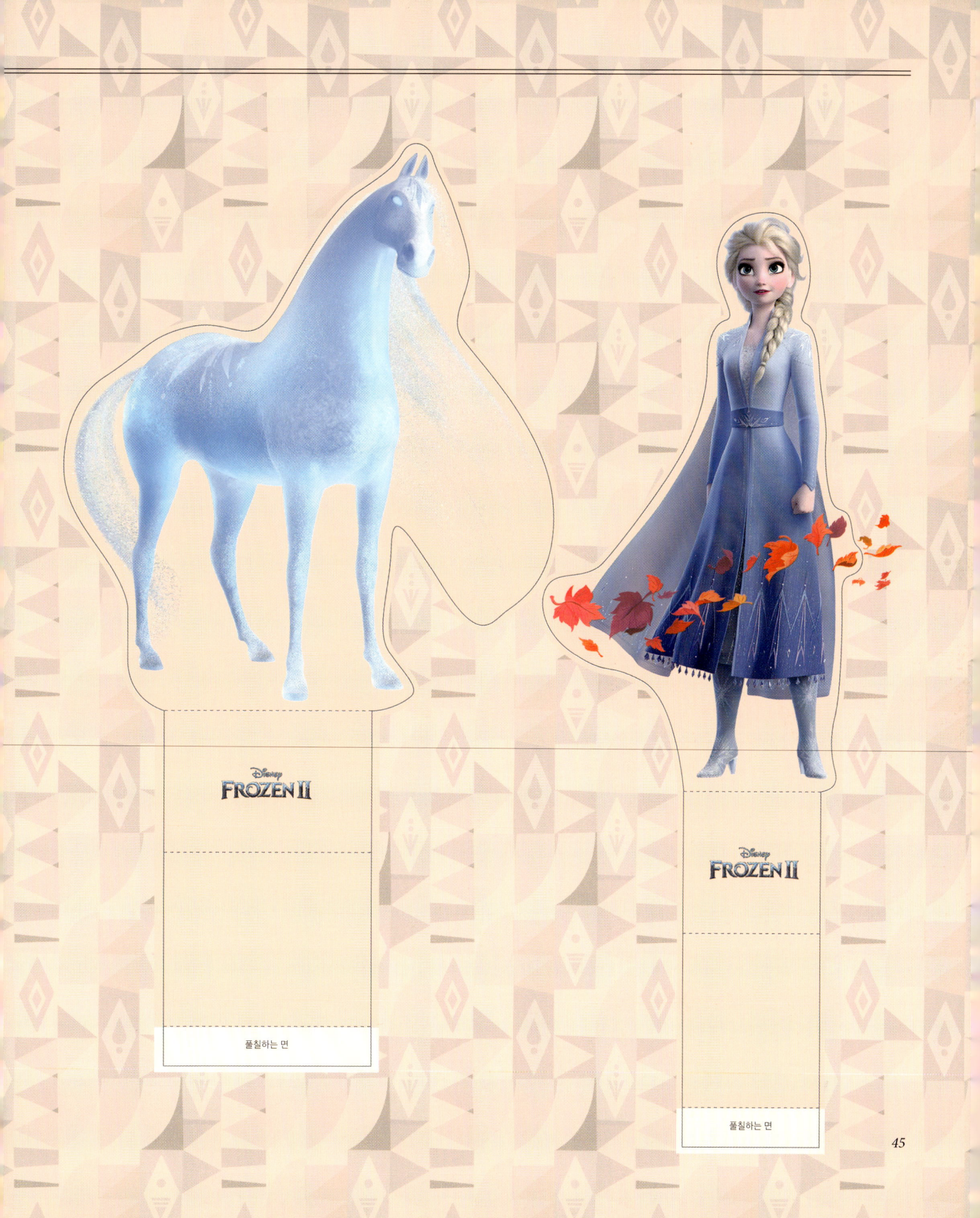

FROZEN II

풀칠하는 면

FROZEN II

풀칠하는 면

45

You are the most extraordinary person I've ever known.

○

당신은 내가 알고 있는 사람 중에 가장 특별한 사람이에요.

페이퍼돌을 세울 수 있는 무대 배경입니다.
두 가지 배경 중 원하는 배경을 선택해 만들어보세요.

풀칠하는 면   풀칠하는 면

풀칠하는 면

풀칠하는 면

Disney
FROZEN II

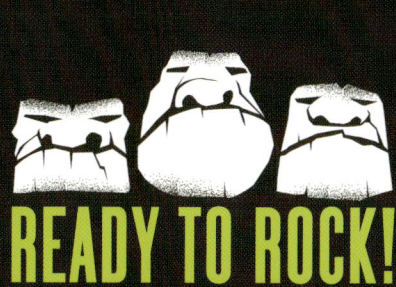

READY TO ROCK!

Disney
FROZEN II

FIESTY & FIERY

Disney

FROZEN II

FAMILY

FAMILY

FROZEN II

풀칠하는 면

FROZEN II

풀칠하는 면

FROZEN II

풀칠하는 면

풀칠하는 면

풀칠하는 면

I just thought of one thing that's permanent.
'Love'

○

변하지 않는 게 하나 있어요.
'사랑'

ELSA&ANNA&FAMILY

풀칠하는 면

풀칠하는 면

FROZEN II

My love is not fragile!

○

나의 사랑은 연약하지 않아!

You feel what you feel and your feelings are real!

네가 느끼는 것이 바로 네가 느끼는 거야. 그 느낌이 진짜야!